Christa Baumann / Stephen Janetzko

**Weihnachtsfeier und Krippenspiel -
Das Lieder-Spiele-Mitmach-Buch für die Zeit kurz vor Heiligabend**

15 Lieder, weihnachtlich Kreatives, Spielideen, Experimente und Rezepte rund um die Weihnachtsgeschichte und die Heilige Nacht

Christa Baumann / Stephen Janetzko

Copyright © 2014 Verlag Stephen Janetzko, Erlangen
www.kinderliederhits.de
Alle Lieder verlegt bei Edition SEEBÄR-Musik Stephen Janetzko, Erlangen.
Online-Shop im Internet unter **www.kinderlieder-shop.de**
Coverzeichnung: *geralt (CC0 Public Domain) - Pixabay.com & Stephen Janetzko Lizenzgeber*
Covergrafik & Notensatz: Stephen Janetzko
Grafische Vorbereitung und Idee: Christa Baumann und Stephen Janetzko
Innen-Illustrationen: Wolfgang Baumann
All rights reserved.

ISBN-10: 3957220742

ISBN-13: 978-3-95722-074-5

Weihnachtsfeier und Krippenspiel - Das Lieder-Spiele-Mitmach-Buch für die Zeit kurz vor Heiligabend

15 Lieder, weihnachtlich Kreatives, Spielideen, Experimente und Rezepte rund um die Weihnachtsgeschichte und die Heilige Nacht

Christa Baumann (Text) und Stephen Janetzko (Lieder)

Inhaltsverzeichnis

Lied: Ach Mutti, wann ist es soweit?	Seite 1
Das Lied als Klanggeschichte	Seite 1
Kerzen ans Fenster	Seite 2
Lied: Weihnachtsmorgen	Seite 3
Ausgesägte Sterne als Zimmerdekoration	Seite 4
Lied: Von dem Kind im Stroh	Seite 5
Bühne aufbauen	Seite 6
Hintergrund der Bühne	Seite 6
Lied: Ich schenk dir einen Stern	Seite 7
Lichterkette mit Sternen	Seite 8
Kostüm für Ochs und Esel	Seite 8
Wie sieht eine Krippe aus?	Seite 9
Lied: Lasst uns auf Engel hören	Seite 10
Engelsflügel für das Krippenspiel	Seite 11
Lied: In der Weihnachtsnacht	Seite 12
Weihnachtsstern für das Krippenspiel	Seite 13
Sterne zum Mitnehmen	Seite 14
Kerzenflamme genau beobachten und zeichnen	Seite 14
Lied: Alle Menschen nah und fern	Seite 15
Schattentheater bauen	Seite 16
Spielfiguren herstellen	Seite 16
Die Weihnachtsgeschichte spielen	Seite 17
Türkranz aus Zapfen zur Begrüßung der Gäste	Seite 18

Lied: Lasst zum Stall uns gehn	Seite 19
Ritual Krippenweg und das Lied	Seite 20
Baumrinde als Kerzenständer	Seite 22
Lied: Singt mit uns von der Weihnachtsnacht	Seite 23
Kostüme für die Hirten	Seite 24
Kordel für den Umhang drehen	Seite 24
Lied: Jesus ist geboren (Kommst du mit nach Bethlehem?)	Seite 25
Umhang nähen	Seite 26
Kostüme für die Schafe	Seite 26
„Feuer" aufbauen	Seite 27
Lied: Es wird wieder Weihnacht sein	Seite 28
Weihnachtsfeier in der Kleingruppe	Seite 29
Bratäpfel	Seite 30
Lied: Alle Jahre wieder	Seite 33
Die Kerze braucht Sauerstoff	Seite 33
Eine Kerze löschen	Seite 34
Lied: Vom Schenken	Seite 35
Kerzen gießen	Seite 36
Lied: Stille Nacht	Seite 37
Flüstern- Schreien	Seite 37
Malen nach Musik	Seite 38
Geprickelte Weihnachtskarte	Seite 39
Lied: Mein kalter Freund, der Winter	Seite 40

Vorwort

Geht es Ihnen auch so? Nikolaus ist doch gerade erst vorbei ... und auf einmal steht Weihnachten vor der Tür. Jetzt muss schnell geplant werden:
Welche Lieder singen wir? Wie soll die Weihnachtsfeier gestaltet werden? Und was schenken die Kinder ihren Eltern?

Jetzt haben Sie alles schnell und kompakt zur Hand:
- 15 Lieder von Weihnachten
- Kreativideen, Geschenke und Weihnachtskarten
- Ideen für die Weihnachtsfeier
- Rezepte
- Experimente

Mit vielen unterschiedlichen Aktionen können Sie die Themen der Lieder aufgreifen und vertiefen.
Eine gute Ergänzung und Erweiterung zu diesem Praxisband und für den Advent mit Kindern sind separat das **Buch und die CD „Und wieder brennt die Kerze"** (siehe Anhang).

Die in diesem Band enthaltenen Lieder: Ach Mutti, wann ist es soweit? - Weihnachtsmorgen - Von dem Kind im Stroh - Ich schenk dir einen Stern - Lasst uns auf Engel hören - In der Weihnachtsnacht - Alle Menschen nah und fern - Lasst zum Stall uns gehn - Singt mit uns von der Weihnachtsnacht - Jesus ist geboren (Kommst du mit nach Bethlehem?) - Es wird wieder Weihnacht sein - Alle Jahre wieder - Vom Schenken - Stille Nacht - Mein kalter Freund, der Winter

Weihnachten kann also kommen!

Christa Baumann und Stephen Janetzko

Ach, Mutti, wann ist es soweit?

Text: Rolf Krenzer; Musik: Stephen Janetzko; CD "Und wieder brennt die Kerze"
© Edition SEEBÄR-Musik Stephen Janetzko, www.kinderliederhits.de

Tempo: ca. 154

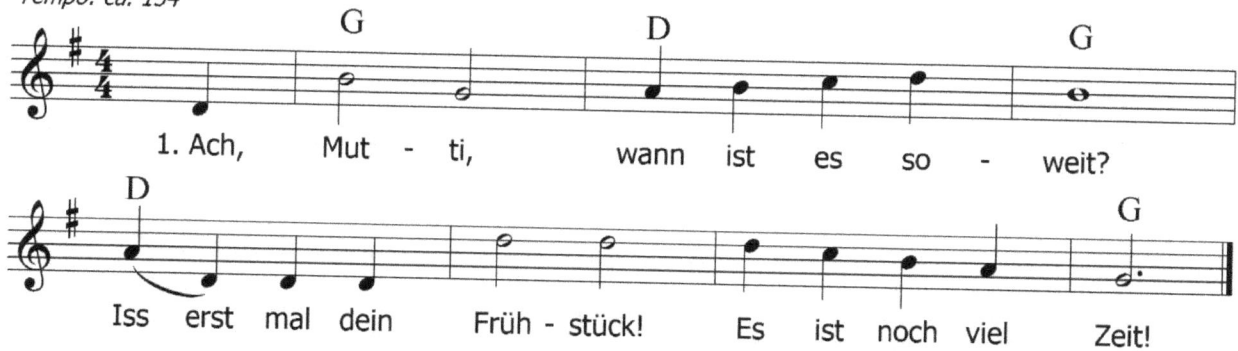

1. Ach, Mutti, wann ist es soweit? Iss erst mal dein Frühstück! Es ist noch viel Zeit!

2. Ach, Mutti, ist es jetzt soweit?
Spiel noch ein bisschen! Es ist noch viel Zeit!

3. Ach, Mutti, ist es jetzt soweit?
Erst noch das Süppchen! Es ist noch viel Zeit!

4. Ach, Mutti, ist es jetzt soweit?
Mach noch ein Schläfchen! Es ist noch viel Zeit!

5. Ach, Mutti, ist es jetzt soweit?
Es ist noch nicht dunkel! Es ist noch viel Zeit!

6. Ach, Mutti, ist es jetzt soweit?
Sag, hörst du das Glöckchen? Jetzt ist es soweit!

Das Lied als Klanggeschichte

Bei dieser Art der Liedbegleitung soll das Erleben des Kindes, seine Ungeduld und das lange Warten verdeutlicht werden.

Material:
- verschiedene Orff- Instrumente
- Glöckchen

So geht's:
Die Kinder sitzen im Kreis. Zwei Kinder spielen Kind und Mutter und agieren in der Kreismitte zum Lied, während die anderen sie begleiten.

Ein Kind erhält ein Glöckchen. Eine Teilgruppe nimmt Off- Instrumente wie Glockenspiele usw., die andere bekommt Holzblocktrommeln o. Ä.
Die Gruppe mit den lauten Orff- Instrumenten spielt immer dann wild durcheinander, wenn das Kind im Lied fragt.
Antwortet die Mutter, so hört man nur ein beruhigendes und langsames Schlagen der anderen Kinder auf den Holzblocktrommeln oder ähnlichen Instrumenten.
Beim letzten Vers läutet das Kind sein Glöckchen.
Anschließend wechseln die Kinder ihre Rollen und ihre Instrumente.

Kerzen ans Fenster

Material:
- schwarzes Tonpapier
- weißer Malstift
- Schere
- Transparentpapier
- Klebestift
- angerührter Tapetenkleister

So geht's:
Eine Kerze auf das Tonpapier zeichnen und ausschneiden. Von innen her so ausschneiden, dass ein schmaler schwarzer Rand stehen bleibt. Dieses mit dem Klebestift bestreichen, auf das Transparentpapier legen und kurz trocknen lassen. Ausschneiden.
Mit Tapetenkleister am Fenster befestigen.
Wenn jetzt die Sonne durchs Fenster scheint, leuchten alle Kerzen!

Tipp

Sehr schön ist auch ein Adventskranz am Fenster.
Dazu mit Fingerfarben einen Kranz malen und trocknen lassen. Vier fertige Kerzen mit angerührtem Tapetenkleister auf den Kranz kleben.
Nach Wunsch dekorieren: mit ausgeschnittenen Sternen, aufgeklebtem Lametta usw.

Weihnachtsmorgen

Text: Rolf Krenzer; Musik: Stephen Janetzko; CD "Und wieder brennt die Kerze"
© Edition SEEBÄR-Musik Stephen Janetzko, www.kinderliederhits.de

1. Oh, war das eine lange und schwere Wartezeit! Und immer fragt' ich bange: "Sagt, ist es jetzt soweit?"

2. "Du musst noch drei Mal schlafen!
Der alte Weihnachtsmann
muss dieses Jahr viel schaffen
und kommt nur schlecht voran!

3. Er muss sich mächtig plagen!"
Ich halt' das nicht mehr aus.
Es riecht doch schon seit Tagen
nach Weihnachten im Haus!

4. "Es sind noch ein paar Türen
an dem Kalender zu!
Da wird noch nichts passieren!
Und nun gib endlich Ruh!"

5. Doch als ich heute Morgen
vom Schlaf bin aufgewacht,
da sind vorbei die Sorgen
ganz einfach über Nacht.

6. Seht her, denn es ist heute
das letzte Türchen dran.
Da freun sich alle Leute,
denn Weihnachten fängt an!

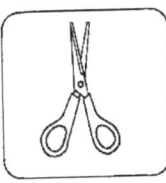 **Ausgesägte Sterne als Zimmerdekoration**

Eine Arbeit für die lange Wartezeit!

Material :
- Sperrholz aus Pappel
- Bleistift
- Laubsägebrettchen
- Zwinge
- Laubsäge
- Sägeblättchen
- Schleifpapier
- Hammer
- Nagel
- Flüssigfarben
- Pinsel
- Garn
- Schere
- eventuell Klarlack

So geht's:
Die Kinder zeichnen einen Stern auf das Holz auf.
Anschließend auf dem Sägebrettchen einspannen und aussägen. Mit dem Schleifpapier schön glatt schleifen.
Mit Hammer und einem Nagel ein Loch zum Aufhängen hinein schlagen. Nach Wunsch auf einer Seite bemalen und trocknen lassen. Die andere Seite ebenfalls bemalen und trocknen lassen.
Das Garn abschneiden, durchziehen und verknoten.
Wer die Sterne nach draußen hängen möchte, lackiert sie rundum.

 **Tipp**

Ein schöner Blickfang für den Eingangsbereich: eine Girlande aus Tannenzweigen, daran mehrere ausgesägte und bemalte Sterne, die mit festem Garn fest gemacht sind. Alles kombiniert mit einer Lichterkette für den Außenbereich.

Von dem Kind im Stroh

Text: Rolf Krenzer; Musik: Stephen Janetzko; CD "Und wieder brennt die Kerze"
© Edition SEEBÄR-Musik Stephen Janetzko, www.kinderliederhits.de

1. Von dem Kind im Stroh, von dem Kind im Stroh, da will ich heute singen.
Es machte alle Menschen froh, die zu dem Stall hingingen.

2. Von der Engelschar, von der Engelschar, da will ich froh verkünden.
Sie weckte nachts die Hirten auf, dass sie die Krippe finden.

3. Und die Hirten all, ja, die Hirten all, die glaubten, was geschehen.
Drum machten sie sich auf zum Stall, um selbst das Kind zu sehen.

4. Es war`n arme Leut´, ach so arme Leut´, die zu dem Kind hinkamen.
Das Kind im Stall macht sie so reich und froh in Gottes Namen.

5. Von drei klugen Herrn, von drei weisen Herrn, da will ich noch erzählen.
Sie knieten vor dem Kind im Stall und ließen`s an nichts fehlen.

6. Von dem hellen Stern, von dem hellen Stern, da sing ich auch so gerne.
Er stand am Himmel über`m Stall, der schönste aller Sterne.

7. Von dem Kind im Stroh, von dem Kind im Stroh, da will ich froh verkünden.
Macht euch zu ihm gleich auf den Weg, um Gottes Sohn zu finden.

8. Von dem Krippenkind, von dem Krippenkind, da singen wir bis heute.
Gott gibt uns Hoffnung, Mut und schenkt uns täglich neue Freude.

8. Strophe/Schluss:

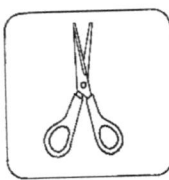
Bühne aufbauen

Wer ein Weihnachtsspiel aufführen will, braucht eine Bühne. Nur so haben die Zuschauer die Möglichkeit, alles zu sehen.
Eine etwas erhöhte Spielfläche entsteht mit Holzpaletten und Schaltafeln.

Material:
- Holzpaletten
- Schaltafeln

So geht's:
Die gewünschte Fläche genau mit Holzpaletten auslegen. Darauf dicht an dicht die Schaltafeln legen. Es dürfen keine Fugen entstehen, in denen die Spieler hängenbleiben und stolpern könnten.

Hintergrund der Bühne

Mit einem entsprechend ausgestalteten Hintergrund kommt die richtige Stimmung für die Feier in den Saal.

Material:
- große schwarze Tücher
- Befestigungsmaterial
- Strahler/Lampen

So geht's:
Die Rückseite der Bühne mit schwarzen Tüchern abhängen. Das Befestigungsmaterial nach Art der Wände auswählen.
Wichtig: genügend Befestigungsmaterial bereit halten!
Falls keine Strahler vorhanden sind, helfen Baustrahler zum Beleuchten der Bühne. Bei der Hauptprobe kann die Ausrichtung der Strahler nochmals getestet werden.

Ich schenk dir einen Stern

Text: Alexandra Gehrmann/Stephen Janetzko; Musik: Stephen Janetzko; CD "Das Licht einer Kerze - Die 25 schönsten Weihnachtslieder" © Edition SEEBÄR-Musik Stephen Janetzko, www.kinderliederhits.de

Tempo: ca. 130

Refrain: Ich schenk dir einen Stern, ob du nah bist oder fern.
Sei ein Licht in dieser Zeit, mach dich bereit und leuchte weit,
und leuchte weit. Leuchte weit!

1. In dieser dunklen Zeit, (in dieser dunklen Zeit,)
Boten, macht euch bereit, (Boten, macht euch bereit,)
Ich singe für die ganze Welt:
(Refrain)

2. Schmückt euch mit Sternenstaub, dass sich ein jeder traut.
Lass deine Wünsche frei, sei einfach mit dabei -
Ich singe für die ganze Welt:

Refrain: ... und leuchte weit.
Zwischenteil:

(Bridge:)
3. Sternenkinder dieser Zeit, zeigt, was euch gefällt.
Sternenkinder dieser Zeit leuchtet damit in die Welt!

Refrain: Ich schenk dir einen Stern, ob du nah bist oder fern.
Sei ein Licht in dieser Zeit, mach dich bereit und leuchte weit.
Ich schenk dir einen Stern, ob du nah bist oder fern.
Sei ein Licht in dieser Zeit, mach dich bereit
und leuchte weit, und leuchte weit, leuchte weit.

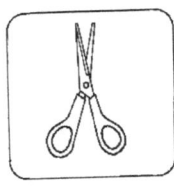

Lichterkette mit Sternen

Eine Lichterkette scheint nicht sehr hell, ergibt aber eine warme Atmosphäre.

Material:
- Lichterkette
- feste gelbe Folie
- Kugelschreiber
- spitze Schere
- Sicherheitsnadeln

So geht's:
So viele Sterne aufzeichnen und ausschneiden, wie Lämpchen an der Lichterkette vorhanden sind. In jeden Stern in die Mitte ein Loch bohren und ein Lämpchen durchstecken.
Die Lichterkette vorsichtig mit Sicherheitsnadeln fest machen.

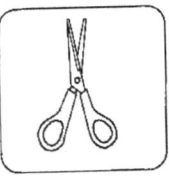

Kostüm für Ochs und Esel

Diese beiden wichtigen Tiere haben markante Ohren. Für den restlichen Körper reicht es, den Kindern ein farblich passendes Tuch umzuhängen.

Material:
- Tücher in braun und grau
- braunes und graues Tonpapier
- Bleistift
- Lineal
- Schere
- Tacker
- große Sicherheitsnadel

So geht's:
Aus dem Tonpapier einen Streifen von 4-5 cm Breite und 55- 60 cm Länge schneiden.

Ohren aufzeichnen und ausschneiden. Am Streifen fest tackern. Beim Kind um den Kopf legen und zusammen tackern.

Spielweise:
Das Tuch um das Kind legen. Vorn mit einer großen Sicherheitsnadel fest machen. Die Ohren aufsetzen.
Ochs und Esel sitzen zum Spielen auf allen Vieren auf dem Boden.

 ## Wie sieht eine Krippe aus?

Wer weiß, warum man im Stall eine Krippe braucht und wie sie aussieht? Gibt es in der näheren Umgebung eine Möglichkeit, sich eine Krippe anzuschauen?
Ein Ausflug zu einem Stall ist sicher ein eindrückliches Erlebnis. Wer einen Ochsen und einen Esel anschauen kann, hat viel Glück. Vermutlich einfacher zu finden ist ein Stall mit Pferden. Vielleicht reitet auch das eine oder andere Kind?
Wer den Besuch in einem Stall mit einer Wanderung verbinden kann, braucht verschiedene Materialien.

Material:
- Teppichfliesen, Sitzkissen und/oder große Decke
- Vespertaschen der Kinder mit Getränken
- Kamera
- Handy
- Telefonliste der Eltern

So geht's:
Der Weg zum Stall kann je nach Entfernung mit dem Bus, der Bahn oder zu Fuß erledigt werden.
Nach Absprache mit dem Stallbesitzer treffen die Kinder ein. Er wird ihnen erklären, dass sie im Stall nicht herum rennen können, da sich sonst die Tiere ängstigen.
Vor oder nach der Besichtigung ist ein Picknick der zweite Höhepunkt für die Kinder. Auf der großen Decke oder dem Kissen zu sitzen und zu essen, macht besonders viel Spaß. Getränke sind zwischendurch und beim Essen sehr wichtig.

Lasst uns auf Engel hören
(4-stimmiger Kanon)

Text: Werner Schaube; Musik: Stephen Janetzko; CD "Und wieder brennt die Kerze"
© Edition SEEBÄR-Musik Stephen Janetzko, www.kinderliederhits.de

(1.) Lasst uns auf den Engel hören,
(2.) der uns schickt zum Stall.
(3.) Uns wird dort ein Kind bescheren:
(4.) Gott ist überall!

Hinweis: Als Kanon bis zu 4 Stimmen.

Spielanregung: Zu den einzelnen Zeilen können wir folgende Bewegungen machen:
-> Lasst uns...: Beide Arme (Handinnenfläche oben) ausgestreckt nach vorne strecken
-> auf den Engel hören: Beide Hände aus dieser Position heraus zu den Ohren führen ("Ohren vergrößern")
-> der uns schickt zum Stall: Auf der Stelle gehen
-> Uns wird dort ein Kind bescheren: Das (imaginäre) Jesukind in den Armen wiegen
-> Gott ist überall: Mit beiden ausgestreckten Armen/ Händen eine große Weltkugel/Sonne malen

Sehr schön wird es, wenn wir das Lied im Kanon singen und dazu die Bewegungen durchführen.

Engelsflügel für das Krippenspiel

Die kleinen Engel brauchen ganz sicher Flügel!

Material:
- Pappreste
- Bleistift
- Schere
- weißer Tonkarton
- dünne Vorhangreste
- Alleskleber
- zwei große Sicherheitsnadeln

So geht's:
Einen Engelsflügel auf den Papprest zeichnen und ausschneiden. Je nach Größe der mitspielenden Kinder entsprechend vergrößern oder verkleinern.
Den weißen Tonkarton zusammen falten. Die Schablone so an die Faltung auflegen, dass zwei zusammenhängende Flügel entstehen. Nachzeichnen und ausschneiden.
Bei jedem Flügel eine Linie etwa 3 cm vom Rand entfernt einzeichnen. Jeweils das Innenteil ausschneiden.
Zwei Vorhangstoffe etwa in der Größe der Flügel zuschneiden. Den Rand auf der Rückseite gut mit Alleskleber bestreichen. Den Vorhangstoff auflegen und trocknen lassen.
Überschüssigen Vorhangstoff ringsum abschneiden.
Die Engelsflügel mit großen Sicherheitsnadeln an der Kleidung am Rücken der Kinder fest machen.

 **Tipp**

Wer gern Federn an den Engelsflügel haben möchte, schneidet die Flügel wie oben doppelt aus.
Auf die ganze Fläche werden schuppenartig kleine Federn geklebt. Dabei jeweils von außen nach innen arbeiten.

Hierbei können mehrere Kinder kleben, wenn sie den Flügel auf einen kleinen Tisch legen und jeweils an den Außenseiten der Flügel sitzen. Für ein Kind alleine wäre diese Arbeit zu langwierig.

In der Weihnachtsnacht

Text: Rolf Krenzer; Musik: Stephen Janetzko; CD "Und wieder brennt die Kerze"
© Edition SEEBÄR-Musik Stephen Janetzko, www.kinderliederhits.de

1. In der Weihnachtsnacht leuchten viele Kerzen. Ist das Licht erwacht, öffnet eure Herzen. Macht euch auf und seid bereit für die Weihnachtszeit. Macht euch auf und seid bereit für die Weihnachtszeit.

2. In der Weihnachtsnacht gibt es viele Lieder.
Wenn das Licht erwacht, singen wir sie wieder.
Was geschah und heut geschieht, kündet uns das Lied.
Was geschah und heut geschieht, kündet uns das Lied.

3. In der Weihnachtsnacht ward das Kind geboren,
das uns Gott gebracht, als wir fast verloren,
weil uns Gott von Herzen liebt und uns so viel gibt,
weil uns Gott von Herzen liebt und uns so viel gibt.

4. Macht euch drum bereit. Lasst das Licht auf Erden
heut für alle Zeit uns zum Zeichen werden,
dass Gott immer bei uns ist und uns nie vergisst,
dass Gott immer bei uns ist und uns nie vergisst.

Weihnachtsstern für das Krippenspiel

Für ein Krippenspiel braucht man auf jeden Fall den großen Weihnachtsstern. Ein Kind hält den Stern während der Feier.

Material:
- dicke Pappe
- Bleistift
- Schere
- gelbe Flüssigfarbe
- Pinsel
- Besenstiel oder lange Leiste
- Handsäge
- Schleifpapier
- breites durchsichtiges Klebeband

So geht's:
Einen großen Stern mit einem Schweif auf die Pappe zeichnen. Ausschneiden (vielleicht muss hierbei ein Erwachsener helfen). Mit der Flüssigfarbe beidseitig bemalen und trocknen lassen.
Einen Besenstiel oder eine lange Leiste eventuell mit der Handsäge kürzen und glatt schleifen.
Mit dem breiten Klebeband mehrfach auf dem Stern fest machen.
Der Stern wird beim Spiel so gehalten, dass man die Klebestellen nicht sehen kann.

 **Tipp**

Wer viele Sterne haben möchte, bastelt zusätzlich Sterne ohne Schweif. Mehrere mitspielende Kinder können dann einen Stern in der Hand halten.

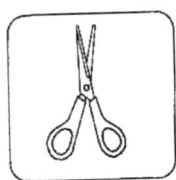
Sterne zum Mitnehmen

Wer möchte sich eine Erinnerung an die Feier mitnehmen?

Material:
- feste Gold- und Silberfolie
- Sternschablone
- Bleistift
- Schere
- dicke Nadel
- rotes Garn
- verschiedene Perlen

So geht's:
Viele Sterne aufzeichnen und ausschneiden. Ein Stück Garn abschneiden, mit der Nadel an einem Zacken durchziehen und verknoten.
Unten ebenfalls ein Stück Garn einziehen und verknoten. An das Ende ein paar Perlen einziehen und einen dicken Knoten machen.
Es sollen so viele Sterne sein, dass sich jede Familie und alle Gäste einen Stern mitnehmen können.
Zum Schluss der Feier werden die Gäste darauf hingewiesen, dass die Sterne, welche die Kinder gebastelt haben, für sie gedacht sind und mitgenommen werden dürfen.
Die Sterne zum Mitnehmen im Außenbereich direkt an den Wegen aufhängen. Das ist sehr stimmungsvoll!

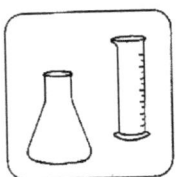
Kerzenflamme genau beobachten und zeichnen

Wer hat schon einmal eine Kerzenflamme genauer beobachtet?

Material:
- Kerze im Kerzenständer oder Teelicht
- Streichholz oder Feuerzeug
- Lupe

- Malpapier
- Farben

So geht's:
Die Kerze im Kerzenständer oder das Teelicht anzünden und die Flamme mit der Lupe genau beobachten. Sie hat verschiedene Zonen, die man sehr gut erkennen kann. Wer kann malen, wie seine Kerzenflamme genau aussah?

Alle Menschen nah und fern

Text und Musik: Stephen Janetzko; CD "Das Licht einer Kerze - Die 25 schönsten Weihnachtslieder"
© Edition SEEBÄR-Musik Stephen Janetzko, www.kinderliederhits.de

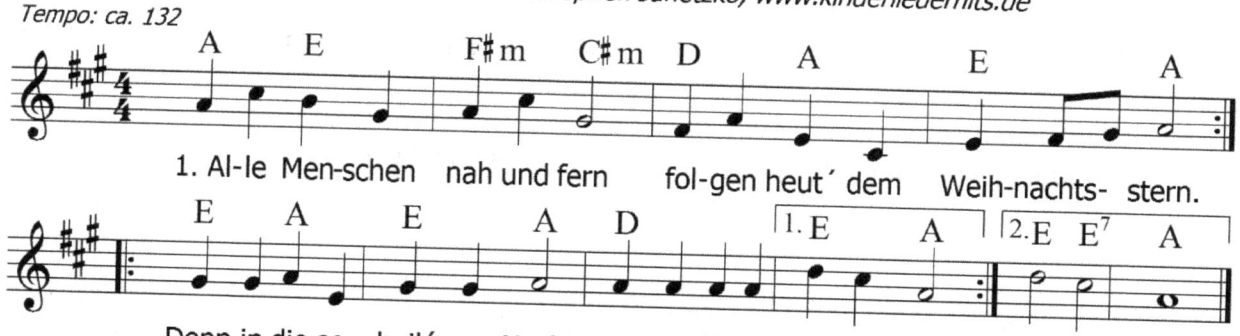

1. Alle Menschen nah und fern folgen heut' dem Weihnachtsstern.
Denn in dieser heil'gen Nacht uns das Jesukind erwacht.

2. Kommt zur Krippe, schaut euch an; kommt, ob Kind, ob Frau, ob Mann.
Kommt zur Krippe, schaut euch an; kommt, ob Kind, ob Frau, ob Mann.
Kommt und sehet, schweiget still, was der Herr euch zeigen will.
Kommt und sehet, schweiget still, was der Herr euch zeigen will.

3. In der Nacht die Glocke klingt, und von fern der Engel singt.
In der Nacht die Glocke klingt, und von fern der Engel singt.
Hell der Stern am Firmament, der allein den Weg nur kennt.
Hell der Stern am Firmament, der allein den Weg nur kennt.

4. wie 1.

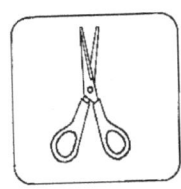
Schattentheater bauen

Ein Schattentheater zu bauen, macht viel Spaß. Und später damit zu spielen, umso mehr!

Material:
- weißes Tuch
- dunkler Stoff, so lang wie das Tuch
- Nähmaschine
- Nähgarn
- Kartenständer oder Waldorfständer
- Baustrahler, Diaprojektor oder Stehlampe

So geht's:
Das weiße Tuch quer nehmen. Den dunklen Stoff mit der Nähmaschine unten annähen. Den Stoff zwischen die beiden Kartenständer spannen. Ein Kind hinter den Stoff stellen. Hängt der dunkle Stoff so hoch, dass man es nicht mehr sehen kann?
Die Lampe so hin stellen, dass man von der Spielfigur nur den Schatten sieht.

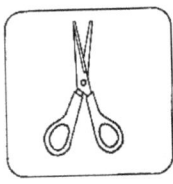
Spielfiguren herstellen

Zum Spielen der Geschichte basteln sich die Kinder ihre Figur selbst.

Material:
- Kartonreste
- Bleistift
- Schere
- Holzleiste
- breites Klebeband

So geht's:
Die Figur aufzeichnen. Dabei ist es ideal, wenn sie in der Größe zueinander passen. Der Esel sollte zum Beispiel nicht größer sein als der Engel. Je nach Alter brauchen die

Kinder dabei Unterstützung.
Die Figur ausschneiden. Die Holzleiste unten mit breitem Klebeband mehrmals an der Figur befestigen.

Die Weihnachtsgeschichte spielen

Zum Spielen der Weihnachtsgeschichten werden folgende Figuren und Utensilien benötigt:

- Maria
- Joseph
- Krippe
- Kind
- Ochs
- Esel
- Engel
- viele Hirten
- viele Schafe
- Weihnachtsstern

Dazu ein paar Kerzengläser mit brennenden Teelichtern.

So geht's:
- Die Kinder, die beim Schattentheater mitspielen, halten sich dahinter auf.
- Die Kinder mit den Kerzengläsern halten ihr Glas vorsichtig in der Hand (Wassereimer in der Nähe!) und sitzen auf einer Bank seitlich vorn.
- Ein Erwachsener ist der Erzähler. Er kündet die Geschichte an.
- Das Licht im Raum geht aus.
- Die Kinder singen gemeinsam die 1. Strophe, ein Kind geht mit seinem Kerzenglas vor dem Schattentheater langsam hin und her.
- Bei der 2. Strophe sind es mehrere Kinder. Nach dem Vers setzen sie sich auf die Bank.
- Jetzt geht das Licht beim Schattentheater an. Der Erwachsene erzählt die Geschichte, die Kinder agieren dazu hinter dem Theater: nach und nach kommen die Kinder hinter die Kulisse und halten ihre Figur nah an das weiße Tuch. So entsteht ein schönes Schattenbild.
- Das Bild mit Maria und Joseph, dem Kind, den Hirten und Schafen bleibt stehen.

Die Kinder singen dazu die 3. Strophe.
- Vor der 4. Strophe geht das Licht beim Theater aus, die Kinder mit den Lichtern kommen nach vorn und bleiben dort während des Singens stehen.
- Zum Schluss geht das Licht im Raum an. die Kinder, welche die Figur geführt haben, kommen zu den Kindern mit den Lichtern nach vorn.
- Jetzt haben die Zuschauer Gelegenheit, zu klatschen!

 **Türkranz aus Zapfen zur Begrüßung der Gäste**

Material:
- dicker Draht
- Blumendraht
- Zange
- Zapfen
- Zeitungspapier
- Silberspray
- rote Folie
- Schere
- rotes breites Band
- rotes Tonpapier
- breiter Silberstift

So geht's:
Den Draht zu einem Kreis zusammen binden. Jeweils ein Stück Blumendraht abzwicken und an den Zapfen fest machen. Die Zapfen am Kranz befestigen.
Den Tisch mit Zeitungen auslegen. Den Kranz darauf legen. Mit dem Spray kurz über die Zapfen sprühen. Sie sollen nicht ganz bedeckt sein, man soll noch sehen können, dass es Zapfen sind. Aus der Folie Sterne ausschneiden und zwischen die Zapfen stecken.
Den Kranz mit dem roten Band aufhängen. Ein Stück Tonpapier zuschneiden, einen Willkommensgruß darauf schreiben und in den Kranz stecken.

Lasst zum Stall uns gehn
(Krippen-Rundgesang)

Text: Werner Schaube; Musik: Stephen Janetzko; CD "Und wieder brennt die Kerze"
© Edition SEEBÄR-Musik Stephen Janetzko, www.kinderliederhits.de

Tempo: ca. 120

1. Lasst zum Stall uns gehn und das Wunder sehn. Du und ich und Ochs und Esel wolln das Wunder sehn, das dort ist geschehn, das dort ist geschehn.

2. Seht den Stern davor,
hört den Engelchor.
Ihr und wir
und Ochs und Esel
hörn den Engelchor,
sehn den Stern davor,
sehn den Stern davor.

3. Dieses Kind im Stroh
macht uns alle froh.
Dich und mich
und Ochs und Esel,
es macht alle froh,
dieses Kind im Stroh,
dieses Kind im Stroh.

4. Singt: Halleluja!
Gottes Sohn ist da.
Alle Welt
und Ochs und Esel
singt: Halleluja!
Gottes Sohn ist da,
Gottes Sohn ist da.

Spielanregung:
Zum Lied können wir ein einfaches Krippenspiel machen, bei dem auch die Kleinen schon dabei sein dürfen. Ein Kinderchor singt die 1. Strophe als Aufforderung.
Die Erwachsenen (oder die Gemeinde) singen die 2. Strophe als "Antwort", während die Kinder sich um die Krippe versammeln, vor bzw. über der der Stern steht (ggf. mit den Händen nach oben weisen und Geste des Horchens imitieren).
Die Kindergruppe singt die dritte Strophe als "Tanzlied"; hierzu fassen sich die Kinder an den Händen, bilden einen Kreis und tanzen um die Krippe. Die vierte Strophe singen alle zusammen, freudig und kraftvoll.

Ritual Krippenweg und das Lied

Bei diesem Ritual begleiten die Kinder Maria und Joseph jeden Tag ein Stückchen weiter bis zum Stall.

Material:
- Karton
- Schrank in Kinderhöhe
- Tücher in verschiedenen Farben und Größen
- Naturmaterial wie Rindenstücke, Baumscheiben, Tannenzapfen
- Holzfiguren
- Stern zum Aufhängen
- Krippe
- Stroh
- Filzreste
- Schere
- Alleskleber

Feuer:
Aus braunem Filz einen Kreis schneiden. Aus Filz in rot, orange und gelb kleine Feuerzungen schneiden. Auf den Kreis aufkleben.

So geht's:
Den Schrank zum Schutz der Oberfläche mit Karton abdecken.
Anschließend mit Tüchern dekorieren.
Die Rückseite mit Tüchern abhängen. Ein Stern weist auf der Seite, wo die Krippe stehen soll, schon auf Weihnachten hin.

Der Weg der Figuren geht von einer Seite der Spielszene bis zur anderen.
Es beginnt auf einer Seite mit den Hirten, die mit den Schafen um ein Feuer stehen und sitzen (je nachdem, wie die Spielfiguren aussehen).
Maria und Joseph stehen bei ihnen.
Auf der anderen Seite ist nur die leere Krippe zu sehen.

Spielweise:

Zu den Strophen 1-3 nimmt jeden Tag ein Kind Maria, ein anderes Kind Joseph in die Hand und lassen sie ein Stückchen nach vorn gehen.
In der Krippe ist die ganze Zeit über nur etwas Stroh. Erst wenn die Kinder am letzten Tag vor Weihnachten in die Einrichtung kommen, liegt am Morgen das Kind in der Krippe. Maria und Joseph stehen dabei.
An diesem Tag wird die Geschichte zu Ende erzählt: vom Erreichen des Stalls bis zur Geburt. Vom Engel, der den Hirten erscheint und ihnen alles erzählt.
Die Hirten und die Schafe gehen während dieser Erzählung immer ein kleines Stückchen nach vorn, bis sie bei der Krippe ankommen.
Jetzt können alle das Lied von der 1. bis zur 4. Strophe singen!

Baumrinde als Kerzenständer

Material:
- Baumrinde
- Handbohrer
- Metalluntersetzer mit kurzem Spieß
- Heißkleber
- verschiedenes Dekorationsmaterial wie kleine Strohsterne, Moos, trockene Blütenstände der Waldrebe, kleine Zapfen o. Ä.
- dicke Kerze

So geht's:
Ein Loch durch die Baumrinde bohren. Den Spieß des Metalluntersetzers hinein stecken. Auf der Rückseite mit Heißkleber fixieren.
Die Rinde dekorieren und die Kerze auf den Untersetzer stellen. Eventuell die Kerze anzünden, etwas Wachs auf den Untersetzer tropfen und die Kerze sofort darauf stellen, damit sie fest darauf fixiert ist und nicht so leicht umfällt.
Wenn die Kerze angezündet wird, immer einen Wassereimer dazu stellen.

Tipp

Wer die Kerze verzieren möchte, kann sie mit Kerzenpens bemalen, mit Motiven aus bunten Wachsplatten verzieren oder die Kerze nacheinander in geschmolzene, verschieden farbige Wachsreste tauchen.

Singt mit uns von der Weihnachtsnacht
(Die Weihnachtsnacht)

Text: Rolf Krenzer; Musik: Stephen Janetzko; CD "Und wieder brennt die Kerze"
© Edition SEEBÄR-Musik Stephen Janetzko, www.kinderliederhits.de

Tempo: ca. 120

Refrain: Singt mit uns von der Weihnachtsnacht. Da wurde das Kind zur Welt gebracht. Und viele begrüßten es schon in der Nacht, in der Nacht. Das Kind, es war Gottes Sohn.

1. In Bethlehem gab`s kein Zimmer mehr. Ein alter Stall stand nur noch leer. Maria und Josef sind angekommen. Der alte Stall hat sie aufgenommen. So wurde das Kind zur Welt gebracht, hier in dem Stall mitten in der Nacht.

2. Es gab auch Hirten in dieser Nacht, die hielten bei den Schafen Wacht.
Da haben die Engel ihnen verkündet, wo man das Kind in der Krippe findet,
das Gott in die Welt zu uns gesandt. So kam es, dass es ein jeder fand.

Refrain.

3. Drei weise Herrn kamen dann von fern und folgten froh dem hellen Stern.
Sie suchten den König, den Gott verheißen, und nirgends ließen sie sich abweisen.
Sie fragten jeden und überall. So kamen sie zu dem Kind im Stall.

Refrain.

4. Wie jeder im Stall sich einst gefreut, so freuen wir uns alle heut.
Gott hat uns den eigenen Sohn gegeben. Er schenkt uns Liebe und neues Leben.
Wir feiern Weihnachten Jahr für Jahr und denken daran, wie`s damals war.

Refrain.

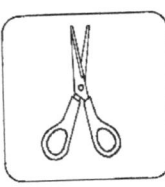

Kostüme für die Hirten

Für diese Rollen können Kinder unterschiedlichsten Alters gewonnen werden. Ältere nehmen Jüngere zu sich und helfen ihnen, sich beim Spiel zurecht zu finden.
Ganz wichtig sind für die Kinder immer die Hüte und die Stöcke der Hirten!

Material:
- Decken zum Umhängen oder genähte Umhänge
- Hüte
- lange Stöcke

So geht's:
Die Kinder hängen sich die Decken um die Schultern oder sie bekommen Hilfe beim Umbinden der Umhänge und setzen sich den Hut auf. Den Stab nehmen sie in die Hand.

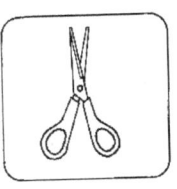

Kordel für den Umhang drehen

Material:
- etwa 4m Wolle
- Malstift
- große Sicherheitsnadel

So geht's:
Die Wolle zusammenknoten und über eine Türklinke hängen. Den Malstift hinein stecken, die Wolle stamm ziehen und den Stift immer in eine Richtung drehen. Wenn die Wolle stark gedreht ist, den Stift heraus ziehen und die Wolle mit der Schlaufe über die Türklinke hängen. Jetzt verdreht sie sich allein in die andere Richtung. Gut nach unten ausstreichen.
Die Enden zusammen nehmen und verknoten.
Die Sicherheitsnadel in der Kordel fest machen. Durch den genähten Tunnel im Umhang (siehe Seite 26) des Hirten ziehen. Die Kordel eventuell kürzen.

Jesus ist geboren
(Kommst du mit nach Bethlehem?)

Text und Musik: Stephen Janetzko;
© Edition SEEBÄR-Musik Stephen Janetzko, www.kinderliederhits.de

Tempo: ca. 164

1. Kommst du mit nach Bethlehem? Willst du mit zum Christkind gehn?

Kommst du mit nach Bethlehem? Willst das Christkind sehn? Refrain: Jesus ist ge-

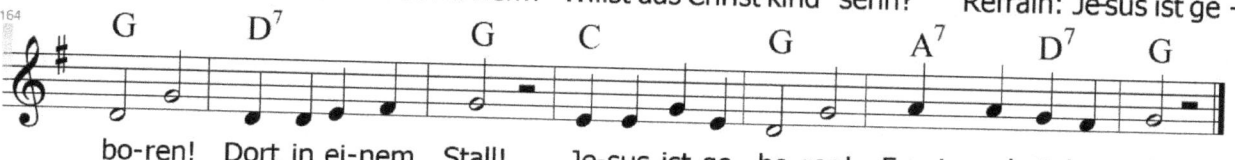

boren! Dort in einem Stall! Jesus ist geboren! Freut euch überall!

2. Gott hat seinen Sohn gesandt, hell erstrahlt das ganze Land.
Gott hat seinen Sohn gesandt, hell erstrahlt das Land.

Refrain: Jesus ist geboren...

3. Menschen, kommt von nah und fern, folget nur dem hellen Stern.
Menschen, kommt von nah und fern, folget nur dem Stern.

Refrain: Jesus ist geboren...

4. In der Krippe, zart und fein, liegt das kleine Jesulein.
In der Krippe, zart und fein, liegt das Jesulein.

Refrain: Jesus ist geboren...

5. Kniet euch nieder vor dem Kind, das als König euch bestimmt.
Kniet euch nieder vor dem Kind, das euch ist bestimmt.

Refrain: Jesus ist geboren...

6. Glocken klingen fern und nah, Weihnachtszeit ist endlich da.
Glocken klingen fern und nah, Weihnachtszeit ist da.

Refrain: Jesus ist geboren...

 ## Umhang nähen

Material:
- grober Stoffrest
- festes Garn
- dicke Nähnadel
- große Sicherheitsnadel

So geht's:
Den Stoff an einer Längsseite etwa 5 cm nach innen falten. Mit groben Stichen fest nähen. Es entsteht ein Tunnel, durch den die Kordel gezogen werden kann. Dazu die Sicherheitsnadel an der Kordel fest machen und durch den Tunnel schieben. Sie zieht die Kordel hinter sich her.

 ## Kostüme für die Schafe

Diese Rolle spielen jüngere Kinder sehr gern.

Material:
- Schaffelle
- große Sicherheitsnadeln

So geht's:
Viele Kinder haben ein Schaffell in ihrem Bett und können es mitbringen. Es wird über den Rücken gelegt und mit großen Sicherheitsnadeln fest gemacht.
Die Kinder hocken oder setzen sich zum Spielen auf den Boden.

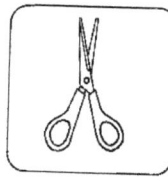 **"Feuer" aufbauen**

Natürlich brauchen die Hirten ein Feuer, um das sie sich in der Kälte der Nacht versammeln können. Der Aufbau ist recht aufwändig und die Kinder brauchen auf jeden Fall Gelegenheit, das Feuer bei einer Probe zu erleben.

Material:
- Teppichstücke
- Verlängerungskabel
- Strahler (idealerweise mit LED)
- Holzscheite
- kleine rote und gelbe dünne Tücher

So geht's:
Das Verlängerungskabel so auslegen, dass der Stecker dort liegt, wo das „Feuer" stehen soll. Alles mit Teppichstücken auslegen
Die Holzscheite zu einem nach vorn offenen Kegel aufstellen. Vorn, zu den Zuschauern hin, ein paar Scheite legen. Sie stützen die stehenden Scheite und lassen gleichzeitig den Blick auf das „Feuer" frei.
Den Strahler so hinein stellen, dass er nach oben scheint. Anschließen und ausprobieren. Anschließend die dünnen Tücher über die Scheite legen. Sie dürfen nicht mit der Lampe in Berührung kommen.

Wichtig:
Überprüfen, dass genügend Abstand zur Lampe vorhanden ist und die Tücher nicht heiß werden können!
Das Feuer mit der Lampe muss so stehen, dass die Hirten um das Feuer gehen und sitzen können. Dabei dürfen sie nicht über den Stecker stolpern können.
Bei der Hauptprobe erleben die Kinder, wo sie gehen und sitzen werden.
Das Feuer in einer dunklen Umgebung ist so eindrücklich, dass sich der recht große Aufwand lohnt!

Christa Baumann/Stephen Janetzko

Es wird wieder Weihnacht sein
(Putzt die Fenster, Leut´!)

Text: Rolf Krenzer; Musik: Stephen Janetzko; CD "Und wieder brennt die Kerze"
© Edition SEEBÄR-Musik Stephen Janetzko, www.kinderliederhits.de

1. Putzt die Fenster, Leut´! Gottes Sohn kommt heut, und er kommt zu uns herein. Macht die Tore breit, und die Herzen weit: Es wird wieder Weinacht sein! Es wird wieder Weihnacht sein!

2. Kehrt die Stube, Leut´!
Gottes Sohn kommt heut.
Weihnachten ist nicht mehr weit
II: Macht die Tore breit
und die Herzen weit
für den Herrn der Herrlichkeit! :II

3. Kehrt die Straßen, Leut´!
Gottes Sohn kommt heut.
Viele Menschen warten schon.
II: Macht die Tore breit
und die Herzen weit
für den Herrn und Gottes Sohn! :II

4. Seid ihr fertig, Leut´?
Seid ihr jetzt bereit?
Seht, der König ist schon hier!
II: Macht die Tore breit
und die Herzen weit!
Geht und öffnet ihm die Tür! :II

Weihnachtsfeier in der Kleingruppe

Am letzten Tag vor Weihnachten in einer kleinen Gruppe zu feiern, kann besonders schön sein. Es gibt keinen Druck durch eine Aufführung und auch jüngere Kinder fühlen sich in der kleinen Gruppe geborgen.
Der stillere Teil der Feier braucht nicht sehr lange zu dauern. Wichtig ist eher, dass eine ganz besondere Stimmung entsteht und dass die Kinder die Freude über Weihnachten erleben und erfahren.
Ein Vorschlag für eine Feier in einer kleinen Gruppe:

Ablauf:

- gemeinsames Essen mit Bratäpfeln, Weihnachtsgebäck und einem Lied
- die Weihnachtsgeschichte mit Liedern
- Verteilen der Geschenke
- Bescherung der Kinder und ein Schlusslied

Vorbereitung des Raumes:

Zuerst muss das Zimmer vorbereitet werden. Tische und Stühle nach Anzahl der Kinder zu einem großen Tisch zusammen stellen oder als lange Tafel stellen (das kommt auf die Größe des Zimmers an).
Als Tischschmuck eignen sich Servietten mit Weihnachtsdruck, Tannenzweige, gebastelte Sterne und Kerzen in Gläsern.

Das Essen

Ein Teil des Weihnachtsgebäcks wurde sicher für diesen Anlass aufgehoben. Mit einem warmen Tee oder mit Kinderpunsch schmeckt das lecker.
Wer etwas Besonderes dazu reichen möchte, bereitet mit den Kindern Bratäpfel vor.

 **Bratäpfel**

Bratäpfeln verbreiten ihren Duft im ganzen Haus.

Material :
- pro Person 1 Apfel (ideal sind Boskop)
- Apfelausstecher
- 1 Teelöffel Rosinen
- 1 Teelöffel gemahlene Haselnüsse oder Mandeln
- 1-2 Teelöffel Marmelade
- feuerfeste Form
- Butter

So geht's:
Jeden Apfel mit dem Stiel nach oben hinstellen. Das Kernhaus mit dem Apfelausstecher heraus holen.
In einer kleinen Schüssel Rosinen, gemahlene Haselnüsse oder Mandeln und Marmelade mischen. Es soll eine geschmeidige Masse entstanden sein. Ist sie zu fest, noch etwas Marmelade dazu rühren.
Diese Masse mit zwei Teelöffeln in die Löcher in den Äpfeln füllen und mit dem Löffelstiel hinein drücken. Mit einem kleinen Stückchen Butter abdecken. In die feuerfeste Form setzen.
Im vorgeheizten Backofen bei 200° etwa eine halbe Stunde backen. Die Bratäpfel sind fertig, wenn sich die Schale des Apfels zu lösen beginnt.

 **Tipp**

Manche Kinder mögen keine Rosinen. Deshalb vorher nachfragen und Füllungen mit und ohne Rosinen zubereiten.
Nur gemahlene Haselnüsse und Mandeln verwenden. Bei grob gehackten Nüssen könnte es passieren, dass sich ein Kind verschluckt.

Nach dem Essen helfen die Kinder mit, die Tische abzuräumen, sie abzuwischen und sie eventuell wieder an ihren ursprünglichen Platz zu bringen.

Weihnachtspunsch

Material :
- 1 l Früchtetee
- 1 Zimtstange
- 1 l Apfelsaft
- Saft einer Orange

So geht's:
Den Früchtetee aufbrühen, die Zimtstange dazu geben. 10 Minuten ziehen lassen. Die Zimtstange entfernen. Apfelsaft und Orangensaft zugeben.
Eventuell vor dem Trinken noch erwärmen.

Die Weihnachtsgeschichte

Sicher haben die Kinder die Weihnachtsgeschichte in der vergangenen Adventszeit in Bilderbüchern verfolgt und vorgelesen bekommen. Zu einer schönen Feier so kurz vor Weihnachten gehört sie noch einmal dazu.
Vielleicht gibt es ein Bilderbuch, das die Kinder noch nicht kennen?
Sehr viel Eindruck macht es, wenn die Geschichte mit neuen Bildern mit einem Beamer an die Wand projiziert werden. Im dunklen Raum kommen die Bilder besonders gut zur Geltung.

Das Verteilen der Geschenke für die Eltern

Am letzten Tag vor Weihnachten müssen die Kinder das Geschenk für die Eltern mitnehmen. Je nach Größe kann das schwierig werden. Ein kleines Geschenk passt

sicher in den Kindergartenrucksack. Größere Päckchen brauchen eventuell eine Plastiktüte. Das kann zum Beispiel ein Müllbeutel von der Rolle sein. darin tragen die Kinder das Geschenk nach Hause. Und – für die Kinder sehr wichtig- sie verstecken das Päckchen zuhause! Die Eltern sollen es vor der Bescherung zu Hause nicht genauer sehen und auch nicht öffnen.
Ganz oft erzählen die Kinder ihren Eltern schon auf dem Heimweg (wenn sie es nach dem Basteln nicht schon getan haben), was sich in dem Päckchen befindet. Ein Glück, dass die Eltern dies bis Weihnachten vergessen haben...

 **Die Bescherung der Kinder**

Bekommen die Kinder bei Ihnen zu Weihnachten ein persönliches Geschenk, das sie mit nach Hause nehmen?
Persönliche Geschenke haben den großen Nachteil, dass für recht viel Geld nur Kleinigkeiten zu bekommen sind, die zuhause unter den großen Bergen von Geschenken keine große Beachtung finden.
In vielen Einrichtungen hat es sich deshalb eingebürgert, dass es nur Geschenke gibt, die alle Kinder nutzen können und die in der Einrichtung bleiben. Das können große Anschaffungen sein, die noch Ende des Jahres getätigt werden können wie zum Beispiel neue Matten in den Bewegungsraum. Oder der Kreativbereich bekommt neue Farben, eine größere Staffelei usw.
Auch kleinere Geschenke machen den Kindern Freude: neue Bilderbücher, eine Puddingform für die Puppenecke, eine Winterjacke für die große Puppe, ein neuer Traktor in den Baubereich usw.
Die Kinder akzeptieren ein gemeinsames Geschenk sehr gut. Sie freuen sich nach Weihnachten, diese endlich auszuprobieren!

Nun sitzen die Kinder im Stuhlkreis und warten drauf, dass das Christkind kommt. Oder war es schon da? Bisher hatte noch niemand etwas gehört.
Aber jetzt klingelt es. Vielleicht an der Haustür? Vielleicht klopft es an der Zimmertür? Einer der Erwachsenen hat sich rechtzeitig davon geschlichen, stellt das gut verpackte Geschenk ab und klingelt oder klopft.
Die Kinder sind nun sehr gespannt. Möchten sie dem Christkind noch ein Lied singen? Dann packen sie gemeinsam das Geschenk aus.
Nach einem Lied wollen die Kinder dringend ins Freie und müssen sich bewegen!
Mit dem Geschenk für die Eltern in der Tasche verabschieden sich die Kinder und freuen sich auf das bevorstehende Weihnachtsfest!

Alle Jahre wieder

Text: Wilhelm Hey; Musik: Friedrich Silcher
Auf der CD von Stephen Janetzko: "Das Licht einer Kerze", ISBN 978-3-95722-066-0;
Notensatz & CD: Kinderlieder-Shop Stephen Janetzko, Erlangen, www.kinderliederhits.de

Tempo: ca. 116

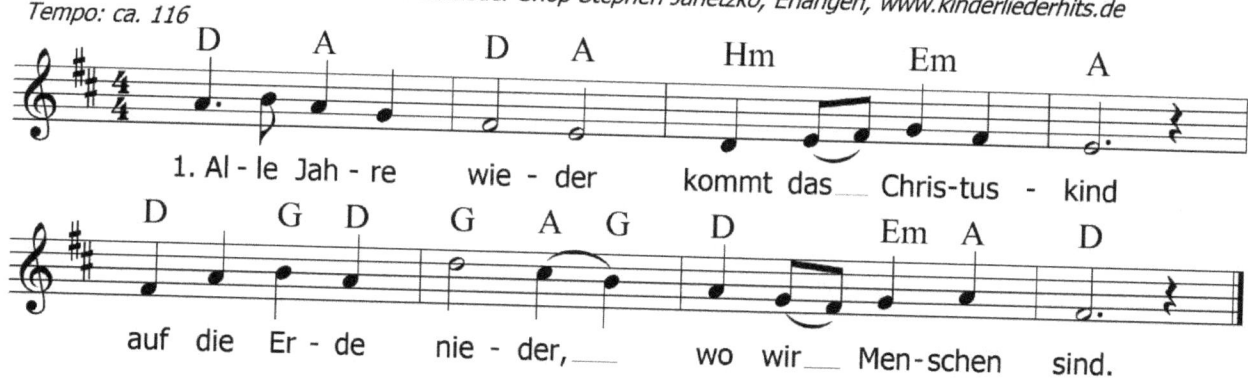

1. Alle Jahre wieder kommt das Christuskind auf die Erde nieder, wo wir Menschen sind.

2. Kehrt mit seinem Segen ein in jedes Haus, geht auf allen Wegen mit uns ein und aus.

3. Ist auch mir zur Seite, still und unerkannt, dass es treu mich leite an der lieben Hand.

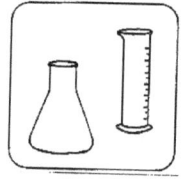

Die Kerze braucht Sauerstoff

Kinder lieben Kerzen. Die züngelnde Flamme, das Gefährliche einer Kerze und das Wissen, nie alleine eine Kerze anzünden zu dürfen, macht es umso interessanter. In der Einrichtung können die Kinder mit Hilfe eines Erwachsenen üben, eine Kerze anzuzünden.

Material:
- Metallplatte (z.B. Tablett)
- Teelichter
- Streichhölzer oder Feuerzeug
- verschieden große Gläser

So geht's:
Die Teelichter auf die Platte stellen und anzünden. Über jede Flamme eines der unterschiedlich großen Gläser stülpen. Was passiert?

Wenn der Sauerstoff unter dem Glas verbraucht ist, geht die Flamme aus. Größere Gläser haben mehr Sauerstoff, deshalb brennen die Kerzen dort länger.

So kann es weiter gehen:
Die Gläser herunter nehmen. Ein weiteres Teelicht dazu stellen. Alle Teelichter anzünden. Gläser darüber stülpen, aber ein Teelicht ohne Glas weiter brennen lassen. Welche Flamme brennt jetzt am längsten?

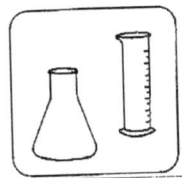 **Eine Kerze löschen**

Das wissen Kinder: eine Kerze kann man löschen, indem man sie ausbläst. Wie kann man aber eine größere Flamme oder gar ein Feuer löschen?
Für ältere Kindergartenkinder eignet sich der Besuch der Feuerwehr. Egal, ob sie in die Einrichtung kommt oder ob die Kinder einen Besuch bei der Feuerwehr machen können. Neben der interessanten Ausrüstung ist das Löschen spannend.
Sicher werden die Kinder sehen können, wie mit einem Feuerlöscher gearbeitet wird. Und die Erwachsenen haben die Möglichkeit, eines dieser Geräte auszuprobieren. Keine Scheu – wer einmal damit gesprüht hat, wird keine Scheu mehr davor haben und bei einem Brandfall beherzt helfen können.

Was in keiner Küche fehlen darf (auch in einer Kita unbedingt nötig) ist eine Löschdecke. Sie wird über einen kleineren Brand geworfen und erstickt ihn.
Um die Funktion dieser Löschdecke zu zeigen, braucht es keinen echten Brand, sondern nur eine brennende Kerze.

Material:
- Metallplatte (z.B. Tablett)
- Kerze oder Teelichter
- Streichhölzer oder Feuerzeug
- Löschdecke

So geht's:
Die Kerze auf die Platte stellen und anzünden.
Die Löschdecke aus ihrer Verpackung ziehen und darüber legen. Was passiert?
Die Kerze hat keinen Sauerstoff mehr und erlischt. Möchten die Kinder das selbst ausprobieren?

Vom Schenken
(3-stimmiger Kanon)

Text: Werner Schaube; Musik: Stephen Janetzko; CD "Und wieder brennt die Kerze"
© Edition SEEBÄR-Musik Stephen Janetzko, www.kinderliederhits.de

Tempo: ca. 128

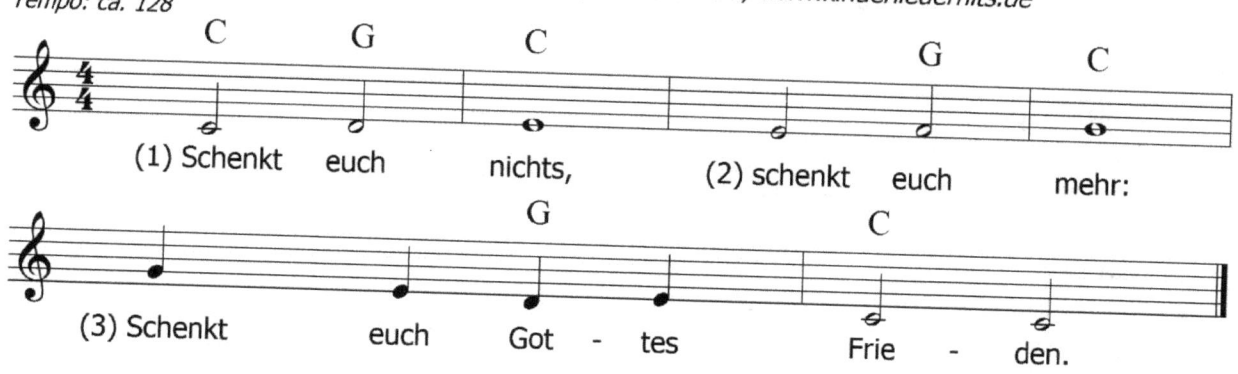

(1) Schenkt euch nichts,
(2) schenkt euch mehr:
(3) Schenkt euch Gottes Frieden.

Hinweis: Als Kanon bis zu 3 Stimmen.

Spielanregung: Zu den einzelnen Versen/Stimmen können wir folgende einfache Bewegungen machen:

-> Schenkt euch nichts: Kopf (von links beginnend) hin und her bewegen (Kopf schütteln)
-> schenkt euch mehr: Kopf (von oben beginnend) hoch und runter bewegen (nicken)
-> Schenkt euch Gottes Frieden: Beide Arme (Hände zunächst an den Schultern) strecken und nach vorne oder seitlich weit öffnen

Sehr schön wird es, wenn wir das Lied im Kanon singen und dazu die Bewegungen durchführen.

Kerzen gießen

Diese Arbeit sollte nur mit größeren Kindern durchgeführt werden.

Material:
- Zeitungspapier
- Einzelkochplatte
- eventuell Verlängerungskabel
- alter Kochtopf
- Wasser
- schmale hohe Konservendose
- Wachsreste
- alter Löffel o. ä.
- Kerzendocht aus dem Bastelgeschäft
- Schere
- Büroklammer
- Wäscheklammer
- Ausstechförmchen
- kleine Teller
- Alufolie
- Kuchengitter
- Topflappen

So geht's:
Die Kerzenreste in die Dose füllen und in den Kochtopf stellen. So viel Wasser in den Kochtopf füllen, dass die Dose gut darin steht. Das Wasser und damit die Kerzenreste in der Dose erhitzen, die Dochte heraus fischen.
Die neuen Dochte zuschneiden, sie sollen etwas länger sein als die Höhe der Ausstechförmchen. Unten eine Büroklammer anbringen, damit der Docht gut im Förmchen steht. Die Wäscheklammer oben am Docht festmachen, sie soll auf dem Förmchen aufliegen.
Jedes Kind deckt sich einen kleinen Teller mit Alufolie ab und stellt sein vorbereitetes Förmchen darauf. Vorsichtig wird etwas flüssiges Wachs eingegossen oder mit einem alten Esslöffel eingefüllt, bis der Boden bedeckt ist. Der Docht soll dabei gerade stehen. Etwas erkalten lassen.
Das Förmchen ganz mit Wachs auffüllen. Erkalten lassen und vorsichtig aus dem Förmchen heraus drücken. Auf einem Kuchengitter mindestens einen Tag gut durchtrocknen lassen.

Stille Nacht

Text: Joseph Mohr; Musik: Franz Xaver Gruber
Auf der CD von Stephen Janetzko: "Das Licht einer Kerze", ISBN 978-3-95722-066-0;
Notensatz & CD: Kinderlieder-Shop Stephen Janetzko, Erlangen, www.kinderliederhits.de

1. Stille Nacht, heilige Nacht! Alles schläft, einsam wacht nur das traute, hoch-heilige Paar. Holder Knabe im lockigen Haar, schlaf in himmlischer Ruh, schlaf in himmlischer Ruh.

2. Stille Nacht, heilige Nacht! Hirten erst kundgemacht.
Durch der Engel Halleluja tönt es laut von fern und nah:
Christ, der Retter ist da, Christ, der Retter ist da!

2. Stille Nacht, heilige Nacht! Gottes Sohn, o wie lacht
Lieb aus deinem göttlichen Mund, da uns schlägt die rettende Stund,
Christ, in deiner Geburt, Christ, in deiner Geburt.

Flüstern- Schreien

Wie empfinden wir flüstern und schreien?

Material:
- mehrere rote und grüne Wachskreiden
- Säckchen
- Trillerpfeife

So geht's:
Halb so viele rote und halb so viele grüne Wachskreiden in das Säckchen füllen, wie Kinder mitspielen.
Jedes Kind zieht sich eine Wachskreide und findet sich in der roten oder der grünen Gruppe wieder.
Jede Gruppe sucht sich einen Platz und setzt sich auf den Boden. Auf das Signal der Trillerpfeife beginnt die rote Gruppe, sich anzuschreien, als wenn sie wütend oder ärgerlich wären.
Die grüne Gruppe flüstert sich leise etwas zu, gerade so, als wenn sie ein Geheimnis hätten. Nach einem Pfiff der Trillerpfeife wechseln die Gruppen ihre Lautstärke.
Nach einem weiteren Pfiff treffen sich alle im Kreis.

Das Spiel gab sicher viele Gesprächsimpulse:
Welche Lautstärker war angenehmer?
Wo wird man gerne flüstern?
Wie fühlt man sich dabei?
Wo möchte man gern schreien?
Wann tut es gut, zu schreien?
Oder wo ist es angebracht und nötig, zu schreien?
Wann kann man nicht flüstern?
Wo ist es unmöglich, zu schreien?
Woher weiß man das?

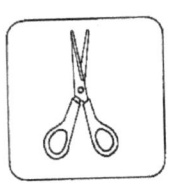 **Malen nach Musik**

Wie sehen Bilder aus, die bei Weihnachtsmusik oder bei lauter Popmusik gemalt werden?

Material:
- CD- Player
- CDs
- großes Malpapier
- Wachskreide

So geht's:

Die Kinder treffen sich im Kreis und hören zwei unterschiedliche Musikstücke. Einmal Weihnachtsmusik, vielleicht schließen sie dabei die Augen.
Anschließend suchen sie sich einen Platz im Raum. Das Musikstück wird wieder gespielt und die Kinder malen beidhändig zur Musik. Nach Fertigstellung legt jedes Kind sein Bild vor sich auf den Boden. Sie erzählen, wie es ihnen beim Malen ergangen ist.

Nach einer kurzen Pause hören die Kinder recht laute Popmusik und malen anschließend dazu. Danach berichten sie wieder von ihren Gefühlen beim Malen. Jetzt werden die ersten Bilder verteilt und die Kinder legen sie nebeneinander. Was können sie jetzt berichten? Wie unterscheiden sich die Bilder? Zeigen sie, wie unterschiedlich sich die Kinder beim Hören gefühlt haben?

 ## Geprickelte Weihnachtskarte

Werden kurz vor Weihnachten noch Karten gebraucht? Die geprickelte Karte ist schnell fertig gestellt.

Material:
- Tonpapier
- Bleistift
- Prickelnadel
- Prickelunterlage
- Transparentpapier
- Klebestift

Aus dem Tonpapier Karte in DIN A5 schneiden. Einmal zusammenfalten. Auf die Vorderseite einen Stern aufzeichnen und auseinander gefaltet auf die Prickelunterlage legen.
Den Stern dicht an dicht mit der Nadel ausprickeln. Vorsichtig herausdrücken. Transparentpapier etwas kleiner als DIN A6 zuschneiden. Auf die Innenseite der Karte hinter den Stern kleben.

Christa Baumann/Stephen Janetzko

Mein kalter Freund, der Winter

Text: Stephen Janetzko, Musik: Thomas Kornfeld; CD "Das Licht einer Kerze - Die 25 schönsten Weihnachtslieder" © Edition SEEBÄR-Musik Stephen Janetzko, www.kinderliederhits.de

Tempo: ca. 112

1. Mein kalter Freund, mein Freund, der Winter, mein Freund kommt wieder auf Besuch. Mein kalter Freund bedeckt die Erde mit seinem weißen Tuch, mit seinem Tuch. Die Blumen können schlafen, die Tiere dürfen ruh'n. Im Ofen brennt ein Feuer, und Schnee klebt an den Schuh'n, und Schnee klebt an den Schuh'n. Im Ofen brennt ein Feuer, und Schnee klebt an den Schuh'n.

2. Mein kalter Freund, mein Freund, der Winter, mein Freund bläst Ohr und Nase rot. Mein kalter Freund lässt Raureif glitzern, es dampft aus jedem Schlot, aus jedem Schlot. Und wieder wird es Weihnacht, ein neues Jahr beginnt. Der Winter ist am schönsten, wo wir zusammen sind, wo wir zusammen sind. Der Winter ist am schönsten, wo wir zusammen sind.

Christa Baumann

Christa Baumann ist Erzieherin, verheiratet und hat zwei Söhne.
Sie steht seit vielen Jahren in der Krippen-, Kindergarten- und Sprachheilkindergartenarbeit.
2005 erschien ihr erstes Buch „Kommt mit ins Mittelalter". Dem folgten Bücher zu verschiedenen Themen und unterschiedlichen Schwerpunkten für Erzieherinnen und Eltern.

Stephen Janetzko

Mit einer 20-minütigen MC „Der Seebär" fing alles an, heute sind es weit über 600 Kinderlieder, die der gebürtige Hagener Liedermacher bereits auf über 50 CDs und in zahllosen Liedsammlungen veröffentlicht hat. Viele davon, wie „Hallo und guten Morgen", „Wir wollen uns begrüßen", „Augen Ohren Nase", „Das Lied von der Raupe Nimmersatt", „Hand in Hand" oder „In meiner Bi-Ba-Badewanne", werden heute gesungen in Kindergärten, Schulen und überall, wo Kinder sind.

Bereits erschienen von Christa Baumann:

Der Advent ist da - Das Lieder- Spiele- Mitmach- Buch für die Kerzenzeit: 15 Lieder, Kreatives, Ideen, Experimente, Rezepte und tolle Mitmach-Aktionen rund um Kerzen, Engel, Sterne und Adventskalender
Verlag Stephen Janetzko, Erlangen 2014
ISBN 978-3-95722-073-8

Nikolaus - Das Lieder- Spiele- Mitmach- Buch für den 6. Dezember: 15 Lieder rund um den Nikolaustag, Kreatives, Ideen für die Nikolausfeier, Rezepte, Nikolauslegenden und tolle Mitmach-Aktionen
Verlag Stephen Janetzko, Erlangen 2014
ISBN 978-3-95722-072-1

Und wieder brennt die Kerze - Das große Mitmach-Buch für Advent und Weihnachten: Mit 25 einfachen Liedern, Kreativideen, Rezepten, Geschichten und tollen Winter-Aktionen
Verlag Stephen Janetzko, Erlangen 2014
ISBN 978-3-95722-068-4

Ein bisschen so wie Martin - Das große Kindergarten-Buch für Herbst und Sankt Martin: Mit 25 bekannten und neuen Liedern fürs Laternenfest, vielen Geschichten von Elke Bräunling und tollen Herbst-Aktionen
Verlag Stephen Janetzko, Erlangen 2014
ISBN 978-3-95722-064-6

Indianer - Das große Lieder- Geschichten- Spiele- Bastelbuch.
Singen, reiten, kochen, erzählen, tanzen, feiern, trommeln und kreativ sein mit vielen tollen und einfachen Indianer-Aktionen für Kinder
Mit vielen Liedern von Stephen Janetzko und Geschichten von Rolf Krenzer
Verlag Stephen Janetzko, Erlangen 2014
ISBN 978-3-95722-060-8

Mit Ritualen durch den Tag, Ideen und Spiele für die Praxis mit Kindern von 0 bis 3 Jahren
Hase und Igel Verlag, Garching 2014
ISBN 978-3-8676-0898-5

Winterzeit im Kindergarten
Mellinger Verlag, Edition Dreieck, Stuttgart 2013
ISBN 978-3-8806-9766-9

Mein Jahr in Gottes schöner Welt: Bastelideen, Lieder, Spiele und Geschichten für jede Jahreszeit
Neukirchener Verlagshaus, Neukirchen-Vluyn 2013
ISBN 978-3-7615-6007-5

Blitzschnelle Ideen für den Stuhlkreis: Über 140 Fingerspiele, Lieder, Bewegungsimpulse, Klanggeschichten, Rätsel und Fantasiereisen als Pausenfüller, Morgenritual und Abschluss Ökotopia Verlag, Münster 2013
ISBN 978-3-86702-209-5
 (zweite Auflage ebenfalls 2013, dritte Auflage 2014)

Engeladvent im Kindergarten - Die schönsten Ideen zum Spielen, Basteln und Musik machen
Don Bosco Medien, München 2010
ISBN 978-3-7698-1841-3
 (erschienen auch in portugiesischer Sprache)

Kommt mit nach draußen! Vielfalt im Außenspiel
Dreieck Verlag, Wiltingen 2010
ISBN 978-3-929394-55-9

Spuren des Glaubens legen: Rituale im Familienalltag
Neukirchener Verlagshaus, Neukirchen-Vluyn 2010
ISBN: 978-3-7615-5757-0

Jesus, Bartimäus, Zachäus & Co: 12 Gestaltungsentwürfe zu biblischen Geschichten
Neukirchener Verlagshaus, Neukirchen-Vluyn 2009
ISBN 978-3-7975-0212-41

DIE CD mit vielen Liedern ZUM BUCH:

Stephen Janetzko:
CD „Und wieder brennt die Kerze" -
Viele schöne Lieder für die ganze Adventszeit

Advent, Winter & Weihnachten in Kindergarten, Schule & Zuhause.
Lieder von & mit Stephen Janetzko.

Über die CD: 25 Lieder für die ganze Adventszeit. Eine kunterbunt-fröhliche Winter-Weihnachtssammlung mit neuen Liedern zum Mitsingen, Spaß haben & Mitmachen zur schönsten Zeit des Jahres: Lieder vom kalten und doch so gemütlichen Winter, von Schnee und Schneemann, vom Nikolaus und der Weihnachtsbäckerei, von Kerzen, Adventskranz und natürlich vom Krippenkind und der Weihnachtsnacht.

Weit über eine Stunde Musik - ideal für Kindergarten, Schule & Zuhause!
Texte von Rolf Krenzer, Werner Schaube & Stephen Janetzko.

Alterszielgruppe ca. ab 2-99 Jahre / Spieldauer ca. 1 ¼ Stunden
Bestellnummer 91033-251 - EAN: 4032289004659
INFO & SHOP: **www.kinderliederhits.de**
© SEEBÄR-Musik (Labelcode LC 05037)

Mehr Lieder im Advent zur Winter- und Weihnachtszeit:

Stephen Janetzko:
CD Das Licht einer Kerze - Die 25 schönsten Weihnachtslieder
Eine festlich bunte Liedersammlung für die ganze Adventszeit.

Über die CD:
Eine festlich bunte Liedersammlung **von den Engeln in der Weihnachtszeit, von Nikolaus und Weihnachtsbäckerei, von Schnee und Heiligabend bis ins neue Jahr.**
Neue und alte Winter- und Weihnachtslieder von und mit Stephen Janetzko, zauberhaft unterstützt vom Kinderchor Canzonetta Berlin

Alle Liedtitel der CD: 1. Das Licht einer Kerze - 2. Der Kleine-Engel-Tanz - 3. Leise rieselt der Schnee - 4. Endlich ist Winter (Pure Lust am Winter) - 5. Schneeflöckchen, Weißröckchen – 6. Ich habe viele Wünsche (Wunsch fürs Christkind) - 7. Alle wollen backen (Lied von der Weihnachtsbäckerei) - 8. Heute kommt der Nikolaus (Ein Nikolausspiellied) - 9. Ich zünde eine Kerze an - 10. Der Winter kommt - 11. Ein Engel für dich - 12. Die Weihnachtsgans Auguste - 13. Weiße Flocken überall - 14. Vier Engel in der Weihnachtszeit - 15. Seht, wie die Kerzen leuchten - 16. Der Winter ist da - 17. Mein kalter Freund, der Winter - 18. Wenn mit unsern Kerzen gehen (Lied zum Advent) - 19. Alle Jahre wieder - 20. Alle Menschen nah und fern – 21. Stille Nacht - 22. Wenn die Flocken sacht vom Himmel falln - 23. Das kleine Mädchen mit den Schwefelhölzern - 24. Ich schenk dir einen Stern - 25. Wir wünschen ein gutes neues Jahr! (Lied zu Neujahr)

Alterszielgruppe ca. 3-99 Jahre/ Spieldauer **ca. 68:39 min.**
Best.-Nr. 91033-287, ISBN 978-3-95722-066-0

INFO & SHOP: **www.kinderliederhits.de**
© SEEBÄR-Musik (Labelcode LC 05037)

Mehr Winter-Lieder von Stephen Janetzko:

CD Es schneit, es schneit, es schneit!
Garantiert kerzen- und weihnachtsfrei! 14 Schnee-Lieder für Winter bis Fasching!

Best.-Nr. 91033-261, ISBN 978-3-95722-054-7

CD Winterzeit im Kindergarten
Wunderschöne neue Winter-, Advents- und Weihnachtslieder

Best.-Nr. 91033-227, ISBN 978-3-932455-90-2

CD Der Winter ist da
20 Winter-, Advents- und Weihnachtslieder,

Best.-Nr. 91033-29, ISBN 978-3-932455-92-6

Raum für eigene Notizen:

www.kinderliederhits.de

Raum für eigene Notizen:

www.kinderliederhits.de

... mehr Info, mehr CDs, mehr Lieder & Noten:
www.kinderliederhits.de

Alle Rechte vorbehalten.

Dieses Werk ist urheberrechtlich geschützt. Jegliche Vervielfältigung und Verwertung ist nur mit Zustimmung der Autoren bzw. des Verlags zulässig. Das gilt insbesondere für Übersetzungen, die Einspeicherung und Verarbeitung in elektronischen Systemen sowie für das öffentliche Zugänglichmachen wie zum Beispiel über das Internet.
Ein Nachdruck oder eine Weiterverwertung ist nur mit schriftlicher Genehmigung des Verlags möglich.

© Verlag Stephen Janetzko, **www.kinderliederhits.de**

www.ingramcontent.com/pod-product-compliance
Lightning Source LLC
Chambersburg PA
CBHW081502040426

42446CB00016B/3356